Auf einen Blick

# Typische Fehler

# ENGLISCH



## Wortschatz und Wortbildung

### Falsche Freunde – false friends

Viele englische Wörter ähneln deutschen Wörtern, aber oft ist die Bedeutung doch sehr unterschiedlich. Es folgt eine Auflistung der häufigsten Stolperfallen, mit den jeweiligen richtigen Übersetzungen.

#### Verben

| | | |
|---|---|---|
| **to become** | ~~bekommen~~ | → *werden* |
| **to blame** | ~~blamieren~~ | → *Schuld geben* |
| **to irritate** | ~~irritieren~~ | → *jdn. verärgern* |
| **to oversee** | ~~übersehen~~ | → *beaufsichtigen* |
| **to overhear** | ~~überhören~~ | → *zufällig mithören* |
| **to reclaim** | ~~reklamieren~~ | → *zurückverlangen* |
| **to wonder** | ~~sich wundern~~ | → *sich etw. fragen* |

#### Adjektive

| | | |
|---|---|---|
| **adequate** | ~~adäquat~~ | → *ausreichend* |
| **actual(ly)** | ~~aktuell~~ | → *tatsächlich* |
| **brave** | ~~brav~~ | → *mutig* |
| **consequent(ly)** | ~~konsequent~~ | → *daraus folgend* |
| **decent** | ~~dezent~~ | → *anständig; angemessen* |
| **eventual(ly)** | ~~eventuell~~ | → *schließlich* |
| **engaged** | ~~engagiert~~ | → *verlobt* |
| **familiar** | ~~familiär~~ | → *vertraut, bekannt* |
| **genial** | ~~genial~~ | → *freundlich* |
| **massive** | ~~massiv~~ | → *riesig, enorm* |
| **ordinary** | ~~ordinär~~ | → *gewöhnlich, normal* |
| **plump** | ~~plump~~ | → *rund(lich)* |
| **pregnant** | ~~prägnant~~ | → *schwanger* |
| **rentable** | ~~rentabel~~ | → *(ver)mietbar* |
| **self-conscious** | ~~selbstbewusst~~ | → *gehemmt, befangen* |
| **sensible** | ~~sensibel~~ | → *vernünftig* |
| **sympathetic** | ~~sympathisch~~ | → *mitfühlend* |
| **thick** | ~~dick~~ | → *dicht, zähflüssig; doof* |

#### Schule und Universität

| | | |
|---|---|---|
| **blackboard** | ~~schwarzes Brett~~ | → *(Schul-)Tafel* |
| **floor** | ~~Flur~~ | → *Fußboden; Etage* |
| **gymnasium** | ~~Gymnasium~~ | → *Turnhalle* |
| **high school** | ~~Hochschule~~ | → *weiterführ. Schule* |
| **map** | ~~Mappe~~ | → *(Land-)Karte* |
| **to mob** | ~~mobben~~ | → *jdn. umringen* |
| **note** | ~~Note (Zensur)~~ | → *Notiz* |
| **promotion** | ~~Promotion~~ | → *Beförderung; Werbekampagne* |
| **stuff** | ~~(Lehr-)Stoff~~ | → *Zeug, Sache* |

#### Bei der Arbeit

| | | |
|---|---|---|
| **bureau** | ~~Büro~~ | → *Amt, Behörde, Agentur* |
| **chef** | ~~Chef/in~~ | → *Koch, Köchin* |
| **concept** | ~~Konzept~~ | → *Vorstellung, Idee* |
| **concurrence** | ~~Konkurrenz~~ | → *Übereinstimmung* |
| **to control** | ~~kontrollieren~~ | → *steuern* |
| **critic** | ~~Kritik~~ | → *Kritiker/in* |
| **direction** | ~~Direktion~~ | → *Richtung* |
| **fabric** | ~~Fabrik~~ | → *Stoff (Gewebe)* |
| **housemaster** | ~~Hausmeister /-in~~ | → *Lehrer im Internat* |
| **to overtake** | ~~übernehmen~~ | → *überholen* |
| **packet** | ~~Paket~~ | → *Verpackung* |
| **pause** | ~~Pause (Arbeit)~~ | → *Unterbrechung* |
| **personal** | ~~Personal~~ | → *persönlich* |
| **physician** | ~~Physiker/in~~ | → *Arzt, Ärztin* |
| **prospects** | ~~Prospekte~~ | → *Aussichten* |
| **to prove** | ~~prüfen~~ | → *beweisen* |
| **quote** | ~~Quote~~ | → *Zitat* |
| **undertaker** | ~~Unternehmer /-in~~ | → *Leichenbestatter/in* |
| **warehouse** | ~~Warenhaus~~ | → *Lager* |

#### Finanzen

| | | |
|---|---|---|
| **briefcase** | ~~Brieftasche~~ | → *Aktentasche* |
| **caution** | ~~Kaution~~ | → *Vorsicht; Warnung* |
| **rate** | ~~Rate~~ | → *Kurs, Satz* |
| **rent** | ~~Rente~~ | → *Miete* |
| **to spare** | ~~sparen~~ | → *jdn. (ver)schonen* |
| **to spend** | ~~spenden~~ | → *ausgeben* |

#### Medien und Kommunikation

| | | |
|---|---|---|
| **audience** | ~~Audienz~~ | → *Publikum* |
| **fantasy** | ~~Fantasie~~ | → *Vorstellung, Einbildung* |
| **formula** | ~~Formular~~ | → *Formel* |
| **handy** | ~~Handy~~ | → *handlich* |
| **meaning** | ~~Meinung~~ | → *Bedeutung* |
| **photograph** | ~~Fotograf/in~~ | → *Foto(grafie)* |
| **Roman** | ~~Roman~~ | → *Römer/in, römisch* |

*Beamer (Projektor)* ist übrigens kein englisches Wort!

#### Gesundheit und Essen

| | | |
|---|---|---|
| **ambulance** | ~~Ambulanz~~ | → *Rettungswagen* |
| **card** | ~~(Speise)karte~~ | → *(Post-, Scheck-, Visiten-)Karte* |
| **flesh** | ~~Fleisch (Essen)~~ | → *lebendes Fleisch* |
| **marmalade** | ~~Marmelade~~ | → *Orangenmarmelade* |
| **menu** | ~~Menü~~ | → *Speisekarte* |
| **recipe** | ~~Rezept (Med.)~~ | → *Rezept* (Kochen) |
| **sharp** | ~~scharf (Essen)~~ | → *scharf* (z. B. Klinge) |
| **station** | ~~Station (Med.)~~ | → *Bahnhof* |
| **tablet** | ~~Tablett~~ | → *Tablette* |

## Problematische Verben

Manche englischen Verben werden oft falsch verwendet, in Anlehnung an deutsche Strukturen. Unten sehen Sie, welches Verb jeweils das richtige ist.

#### become

| | |
|---|---|
| ~~become~~ **have** a baby | *ein Baby bekommen* |
| ~~become~~ **get / receive** a present | *ein Geschenk bekommen / kriegen* |
| **become** a teacher | *Lehrer/in werden* |

#### do

| | |
|---|---|
| **do** the washing / shopping | *die Wäsche / Einkäufe machen* |
| **do** well | *gute Arbeit leisten* |
| **do** your hair / nails | *sich die Haare / Nägel machen* |

#### get

| | |
|---|---|
| **get** tired / old | *müde / alt werden* |
| ~~get~~ **have** a child | *ein Kind bekommen / haben* |
| Can I **get** a drink? | *Kann ich mir etwas zu trinken holen?* |
| Can I ~~get~~ **have** a drink? | *Kann ich etwas zu trinken bekommen?* |
| **get** married / divorced | *heiraten / sich scheiden lassen* |
| **get** something done | *etwas erledigen* |

#### have

| | |
|---|---|
| **have** breakfast / lunch | *frühstücken / zu Mittag essen* |
| **have** something done | *etwas machen lassen* |

#### make

| | |
|---|---|
| ~~make~~ **have** an experience | *eine Erfahrung machen* |
| ~~make~~ **do / take** a course | *einen Kurs machen* |
| ~~make~~ **do** an internship | *ein Praktikum machen* |
| ~~make~~ **do** homework | *Hausaufgaben machen* |
| ~~make~~ **take / sit** an exam | *eine Prüfung machen* |
| ~~make~~ **have / throw** a party | *eine Fete machen* |
| ~~make~~ **take** a photo | *ein Foto machen* |
| **make** a phone call | *einen Anruf tätigen* |
| **make** an appointment | *einen Termin ausmachen* |

## Singular- und Pluralformen

#### Keine Pluralform

Manche Substantive gelten als unzählbar. Daher kommen sie weder mit unbestimmtem Artikel (~~an information~~) noch als Pluralform (~~informations~~) vor:

**accommodation** *(Unterkunft / -künfte)*, **advice** *(Rat(schlag / -schläge))*, **bread** *(Brot)*, **evidence / proof** *(Beweis(e))*, **furniture** *(Möbel)*, **information** *(Information(en))*, **homework** *(Hausaufgabe(n))*, **knowledge** *(Kenntnis(se))*, **money** *(Geld(er))*, **news** *(Nachricht(en)*, **progress** *(Fortschritt(e))*, **research** *(Forschung / Recherche(n))*

Mit Hilfe einer Mengenangabe kann man sie meist dennoch zählen:

| | |
|---|---|
| **a piece of information** | *eine Information* |
| **some information** | *einige Informationen* |

#### Bedeutungsunterschied Singular / Plural

Bei einigen Substantiven ändert sich die Bedeutung zwischen Singular- (zählbar oder unzählbar) und Pluralform:

| | |
|---|---|
| **experience** (unzählbar) | *Erfahrung* |
| **an experience** | *ein Erlebnis* |
| **experiences** | *Erlebnisse* |
| **hair** (unzählbar) | *Kopfhaar / Haare* |
| **a hair / hairs** | *ein Haar / einzelne Haare* |
| **paper** (unzählbar) | *Papier* (als Material) |
| **a paper** | *ein Referat / eine Zeitung* |
| **papers** | *Papiere* (Dokumente) / *Zeitungen* |
| **person** | *Person / Mensch* |
| **persons** | *Personen* (formell) |
| **people** | *Personen / Menschen / Leute* |
| **work** (unzählbar) | *Arbeit* |
| **a work / works** | *ein Werk / Werke* |

#### Nur Pluralform

Einige Wörter kommen nur als Pluralform vor.

**Kleidungsstücke:**

**jeans** *(Jeans)*, **pants** (BrE: *Unterhose;* AmE: *Hose*), **shorts** *(kurze Hose)*, **tights** (BrE: *Strumpfhose*), **trousers** (BrE: *Hose*)

**Geräte:**

**binoculars** *(Fernglas)*, **(sun)glasses** *((Sonnen)brille)*, **scissors** *(Schere)*, **tweezers** *(Pinzette)*

## Leicht verwechselbare Grundformen

| Infinitiv | Simple past | Past participle | Bedeutung |
|---|---|---|---|
| find ≠ found | | | |
| **find** | **found** | **found** | *finden* |
| **found** | **founded** | **founded** | *gründen* |
| lie ≠ lie ≠ lay | | | |
| **lie** | **lay** | **lain** | *liegen* |
| **lie** | **lied** | **lied** | *lügen* |
| **lay** | **laid** | **laid** | *legen* |
| raise ≠ rise | | | |
| **raise** | **raised** | **raised** | *(er)heben* |
| **rise** | **rose** | **risen** | *aufgehen* |
| see ≠ saw | | | |
| **see** | **saw** | **seen** | *sehen* |
| **saw** | **sawed** | **sawn** | *sägen* |
| strike ≠ stroke | | | |
| **strike** | **struck** | **struck** | *schlagen* |
| **stroke** | **stroked** | **stroked** | *streicheln* |

## Vergleiche

Wenn zwei ähnliche Sachen verglichen werden, wird die Kombination **as** [Adj.] **as** verwendet:
Ben is **as clever as** Ann. – *Ben ist so klug wie Ann.*

Wenn zwei ungleiche Sachen verglichen werden, wird die Steigerungsform + **than** verwendet:
Ann is **taller than** Ben. – *Ann ist größer als Ben.*
Ben is **more interested than** Ann. – *Ben ist interessierter als Ann.*

Um Unübertrefflichkeit auszudrücken, verwendet man folgende Formen (je nach Adjektiv wird es mit **-est** oder **most** + Adj. gesteigert):
Ben is **the fastest**. – *Ben ist der Schnellste / am schnellsten.*
Ann is **the most competent**. – *Ann ist die Kompetenteste / am kompetentesten.*

Vergleiche ohne Adjektiv werden mit **like** (nicht **as**) ausgedrückt:
Ann is ~~as~~ **like** her brother. – *Ann ist wie ihr Bruder. / Ann ist ihrem Bruder ähnlich.*
Ben swims ~~as~~ **like** a fish. – *Ben schwimmt wie ein Fisch.*

## Possessivformen

### Mit 's

Um Besitztum anzuzeigen kann man **'s** an einen Namen oder an ein Substantiv (Singularform) anhängen. Diese Form wird am üblichsten mit Personen verwendet, kann aber auch im weiteren Sinne verwendet werden:
This is **Dave's** house. – *Dies ist Daves Haus.*
That's the **dog's** ball. – *Das ist der Ball des Hundes.*
our **town's** name – *der Name unserer Stadt*

Bei regelmäßigen Pluralformen mit **-s**-Endung erscheint das Apostroph hinter dem **s**:
my **brothers'** friends – *die Freunde meiner Brüder*

Bei nicht regelmäßigen Pluralformen ohne **-s**-Endung erscheint wiederum **'s**:
the ~~mens'~~ **men's** shoes – *die Schuhe der Männer*

**Achtung:** Verwenden Sie nie **'s**, um eine reine Pluralform zu bilden:
He has 20 ~~book's~~ **books**. – *Er hat 20 Bücher.*

### Der Possessivbegleiter „own"

**Own** folgt immer auf ein Substantiv mit **'s** oder auf ein besitzanzeigendes Fürwort (**my**, **your**, **his**, **her**, **its**, **our**, **their**):
Jenny**'s own** car. – *Jennys eigenes Auto*
She has **her own** car. – *Sie hat ihr / ein eigenes Auto.*

**Achtung:** Anders als beim deutschen *eigen* darf vor **own** kein Artikel stehen:
Let's take ~~the own~~ **our own** car. – *Nehmen wir das eigene Auto mit.*
Bob has ~~an own~~ **his own** bike. – *Bob hat ein eigenes Fahrrad.*

## Problematische Präpositionen

Bei der Verwendung von Präpositionen ist allgemein Vorsicht geboten: trotz Ähnlichkeiten zwischen Deutsch und Englisch können peinliche Fehler gemacht werden. In ein paar Fällen hat Englisch sogar zwei Präpositionen, Deutsch dagegen nur eine.

### for ≠ since

Beide Präpositionen übersetzen das deutsche *seit*. Allerdings erscheint **for** vor einer Zeitperiode, **since** vor einem Zeitpunkt:
**for six years** – *seit sechs Jahren*
**since 1999** – *seit 1999*

Zu beachten ist in diesem Fall auch die unterschiedliche Verwendung der Zeiten im Deutschen und im Englischen:
I ~~know~~ **have known** him **for five years**. – *Ich kenne ihn seit fünf Jahren.*
I ~~live~~ **have lived** here **since 1987**. – *Ich wohne hier seit 1987.*

### by ≠ until

Beide Präpositionen übersetzen das deutsche *bis*. **By** wird in Verbindung mit Fristen und Zeitpunkten verwendet, **until** mit Tätigkeiten, die sich über eine Zeitperiode erstrecken:
I must finish my work **by January 13**. – *Ich muss meine Arbeit bis zum 13. Januar schaffen.*
I will be busy with my work **until January 13**. – *Ich werde bis zum 13. Januar mit meiner Arbeit beschäftigt sein.*

# Rechtschreibung und Zeichensetzung

## Leicht verwechselbare Wörter

Einige Wörter ähneln sich in der Aussprache, schreiben sich aber anders.

### affect ≠ effect

**affect** = *wirken auf, betreffen*
**effect** = *Effekt, Auswirkung*

### brake ≠ break

**brake** = *Bremse, bremsen*
**break** = *Pause, Bruch, brechen*

### desert ≠ dessert

**desert** = *Wüste, verlassen*
**dessert** = *Nachtisch, Dessert*

### its ≠ it's

**its** = *sein* (besitzanzeigendes Fürwort, sachlich)
**it's** = **it is** = *es ist*

### their ≠ there ≠ they're

**their** = *ihr* (besitzanzeig. Fürwort, 3. Person Plural)
**there** = *da*
**they're** = **they are** = *sie sind*

### who's ≠ whose

**who's** = **who is** = *wer ist* bzw. *der/die ist*
**whose** = *wessen / dessen / derer* usw. (Fragewort bzw. besitzanzeigendes Relativpronomen)

## Großer Anfangsbuchstabe

- Personen-, Orts-, Firmen- und Gebäudenamen:

**John Smith, New York, Green Street, Mars, Royal Bank, the White House**

Monotheistische Religionen verwenden dazu noch die Bezeichnung **God**.

- Wochentage, Monate, Feier- und Festtage

**Thursday, December, Christmas Day, Easter**

- Substantive und Adjektive der Sprache, Nationalität, Region, Religion

**I speak French** — **He's Irish**
**Bavarian food** — **a Muslim festival**

- Persönliche Titel

**Dr Wood, President Bush, Prince Charles, Mr David Mitchell, Ms Jane Witt, the Queen, the Pope**

- Substantive, Verben, Adjektive und Adverbien in den Titeln von Büchern, Filmen, Gemälden, Fernsehsendungen o. ä., sowie das erste Wort des Titels

**The Name of the Rose** — **The Birth of Venus**

- Das Pronomen **I** (nicht aber Formen wie **me**, **my**, **mine**)

## Änderungen bei Suffixen

### Pluralformen

Wörter auf **Konsonant + -y** → **-ies**:
**baby** → ~~babys~~ **babies** — **lady** → ~~ladys~~ **ladies**
Wörter auf **-ife** → **-ives**:
**knife** → **knives** — **life** → **lives**

### Verbformen

Verben auf **Konsonant + -y** bilden die 3. Person Präsens und die Vergangenheitsform mit **-ies** bzw. **-ied**:
**marry** → **marries, married** — **rely** → **relies, relied**

Verben auf **Konsonant + -e** verlieren das **-e** vor Anhängen eines **-ing**:
**make** → **making** — **care** → **caring**
(**Ausnahme**: **be** → **being**)

Beachten Sie auch folgende Vergangenheitsformen:
**lay** → ~~layed~~ **laid** — **pay** → **paid** — **say** → **said**

### Adverbien

Adjektive auf **-able**, **-ible** oder **-uble** verlieren das **-e** vor Anhängen der **-ly**-Endung:
**probable** → **probably** — **possible** → **possibly**

### Verdopplung eines Schlusskonsonants

Endet ein einsilbiges Wort auf **kurzem Vokal + Konsonant**, wird der Konsonant beim Anhängen verschiedener Endungen verdoppelt:
**hop** → **hopping** — **fit** → **fittest** — **clap** → **clapped**

## Kommata und Punkte bei Zahlen

**Achtung:** im Englischen ist die Verwendung dieser Zeichen bei Zahlen genau umgekehrt wie im Deutschen:
**1,000,000** (oder **1 000 000**) = *eine Million*
**1.802** = *eins komma acht null zwei*

## Kommata bei Relativsätzen

Die Interpunktion von Relativsätzen ist wichtig, da sie bedeutungsunterscheidend ist.
**The cars which were red were sold.**
*Die**jenigen** Autos, die rot waren, wurden verkauft.*
**The cars, which were red, were sold.**
*Die Autos, die (**übrigens alle**) rot waren, wurden verkauft.*
Im ersten Satz handelt es sich um einen **bestimmenden** Relativsatz (der uns eine wichtige Information darüber liefert, welche Autos gemeint sind). Im zweiten Satz ist der Relativsatz dagegen **nicht bestimmend** (er liefert nur eine zusätzliche Information, schränkt die Bedeutung von **the cars** aber nicht ein). Folgende Regel ist daher zu beachten:
**Bestimmende Sätze dürfen keine Kommata haben.**
**Nicht bestimmende Sätze müssen Kommata haben.**

## Kommata bei Objekt-, Subjekt- und Komplementsätzen

Bildet ein Satz das Objekt, Subjekt oder Komplement eines anderen Satzes, werden die beiden Sätze nicht durch ein Komma getrennt.
**Jane says (that) she has a cold.** – *Jane sagt, dass sie erkältet ist.*
**Tom asked if he could go home.** – *Tom hat gefragt, ob er nach Hause darf.*
**What you need is a cup of tea.** – *Das, was du brauchst, ist eine Tasse Tee.*
**You are what you eat.** – *Du bist, was du isst.*

## Aussprache

Die Lautschriftbeispiele im folgenden Kapitel geben die Aussprache im britischen Englisch wieder.

### Unterschiedliche Aussprache bei Homographen

Homographe sind Wörter, die gleich geschrieben werden. Im Englischen gibt es eine Reihe von Homographen, bei denen unterschiedliche Bedeutung durch unterschiedliches Aussprechen ausgedrückt wird.

#### Einsilbige Wörter

| | Aussprache 1 | Aussprache 2 |
|---|---|---|
| **bow** | [baʊ]<br>*sich beugen* | [bəʊ]<br>*Schleife* |
| **close** | [kləʊs]<br>*nah* | [kləʊz]<br>*schließen* |
| **house** | [haʊs]<br>*Haus* | [haʊz]<br>*unterbringen* |
| **live** | [lɪv]<br>*leben, wohnen* | [laɪv]<br>*live* (Konzert o. ä.) |
| **read** | [ri:d]<br>*lesen* | [red]<br>Vergangenheitsform von **read** |
| **row** | [rəʊ]<br>*Reihe, rudern* | [raʊ]<br>*Streit, sich streiten* |
| **tear** | [teə]<br>*reißen* | [tɪə]<br>*Träne* |
| **use** | [ju:s]<br>*Verwendung* | [ju:z]<br>*verwenden* |
| **wind** | [wɪnd]<br>*Wind* | [waɪnd]<br>*aufziehen* (Uhr usw.) |
| **wound** | [wu:nd]<br>*Wunde, verwunden* | [waʊnd]<br>Vergangenheitsform von **wind** |

#### Zweisilbige Wörter

Bei einigen Wörtern, die sowohl als Substantive als auch als Verben verwendet werden, wird die Art des Wortes durch unterschiedliche Betonung und Aussprache gezeigt.

| | Substantiv | Verb |
|---|---|---|
| **content** | [ˈkɒntent]<br>*Inhalt* | [kənˈtent]<br>*(jdn.) zufrieden stellen* |
| **contract** | [ˈkɒnˌtrækt]<br>*Vertrag* | [kənˈtrækt]<br>*zusammenziehen* |
| **export** | [ˈekspɔ:t]<br>*Export(ware)* | [ɪkˈspɔ:t, ekˈspɔ:t]<br>*(etwas) exportieren* |
| **import** | [ˈɪmpɔ:t]<br>*Importware* | [ɪmˈpɔ:t]<br>*importieren* |
| **object** | [ˈɒbˌdʒekt]<br>*Objekt* | [əbˈdʒekt]<br>*dagegen sein* |
| **present** | [ˈprezənt]<br>*Geschenk* | [prɪˈzent]<br>*präsentieren* |
| **produce** | [ˈprɒdju:s]<br>*Erzeugnisse* | [prəˈdju:s]<br>*(etwas) herstellen* |
| **record** | [ˈreˌkɔ:d]<br>Aufzeichnung | [rɪˈkɔ:d]<br>aufnehmen |
| **refuse** | [ˈrefju:s]<br>*Abfall* (förmlich) | [rɪˈfju:z]<br>*ablehnen* |
| **subject** | [ˈsʌbˌdʒekt]<br>*Subjekt, Thema* | [səbˈdʒekt]<br>*unterwerfen* |
| **suspect** | [ˈsʌspekt]<br>*Verdächtige(r)* | [səˈspekt]<br>*vermuten, (jdn.) verdächtigen* |

In jedem Fall liegt die Hauptbetonung bei Substantiven auf der ersten Silbe, bei Verben auf der zweiten. Ähnliche Unterschiede gibt es z. B. bei den Wörtern **absent**, **abstract**, **combine**, **concert**, **conflict**, **console**, **desert**, **rebel**, **reject**, **research**, **survey**.

### Homophone

Homophone sind Wörter, die gleich klingen, auch wenn sie anders geschrieben werden und unterschiedliche Bedeutungen haben. Es gibt viele solche Wortpaare im Englischen. Es folgt ein Überblick der wichtigsten Fälle.

| Wort 1 | Ausspr. | Wort 2 |
|---|---|---|
| **air** – *Luft* | [eə] | **heir** – *Erbe* |
| **aisle** – *Gang* | [aɪl] | **I'll** – *ich werde* |
| **bare** – *nackt* | [beə] | **bear** – *Bär, tragen* |
| **board** – *Brett* | [bɔ:d] | **bored** – *gelangweilt* |
| **brake** – *Bremse* | [breɪk] | **break** – *brechen, Pause* |
| **cereal** – *Müsli, Frühstücksflocken* | [ˈsɪərɪəl] | **serial** – *seriell, Fortsetzungs(roman o. ä.)* |
| **desert** – *verlassen* | [dɪˈzɜ:t] | **dessert** – *Nachtisch* |
| **flour** – *Mehl* | [ˈflaʊə] | **flower** – *Blume* |
| **hear** – *hören* | [hɪə] | **here** – *hier* |
| **hour** – *Stunde* | [ˈaʊə] | **our** – *unser* |
| **knew** – *wusste(st/t/n)* | [nju:] | **new** – *neu* |
| **know** – *wissen, kennen* | [nəʊ] | **no** – *nein, kein(e)* |
| **meat** – *Fleisch* | [mi:t] | **meet** – *begegnen, treffen* |
| **one** – *ein(e), eins* | [wʌn] | **won** – Vergangenheitsform von **win** |
| **pair** – *Paar* | [peə] | **pear** – *Birne* |
| **sea** – *Meer* | [si:] | **see** – *sehen* |
| **some** – *etwas, einige* | [sʌm] | **sum** – *Summe* |
| **son** – *Sohn* | [sʌn] | **sun** – *Sonne* |
| **suite** – *Suite* | [swi:t] | **sweet** – *süß* |
| **their** – *ihr* (3. Pers. Pl.) | [ðeə] | **there** – *dort, da*<br>**they're** – *sie sind* |
| **waist** – *Taille* | [weɪst] | **waste** – *Verschwendung, verschwenden, Abfall* |
| **wear** – *tragen* (Kleidung) | [weə] | **where** – *wo* |
| **weather** – *Wetter* | [ˈweðə] | **whether** – *ob* |
| **which** – *welche(r/s)* | [wɪtʃ] | **witch** – *Hexe* |
| **who's** – *wer ist* | [hu:z] | **whose** – *dessen* (usw.), *wessen* |
| **wood** – *Holz, Wald* | [wʊd] | **would** – *würde* usw. |

### Schwierige Fälle

#### Wörter mit -ough- und -augh-

Diese Wörter stellen für den Lernenden oft Probleme dar, da diese Buchstabenfolgen unterschiedlich ausgesprochen werden, je nach Wort. Anhand der Tabelle können Sie die wichtigsten Fälle lernen.

| | |
|---|---|
| [ɔ:] | **thought**, **ought**, **fought**, **taught**, **bought**, **caught**, **daughter** |
| [aʊ] | **bough**, **drought** |
| [əʊ] | **(al)though** |
| [u:] | **through** |
| [ə] | **thorough** |
| [ʌf] | **rough**, **tough**, **enough** |
| [ɒf] | **cough** |
| [ɑ:f] | **draught**, **laugh** |

#### Geschrieben „o" – aber ausgesprochen [ʌ]

Nicht immer wird ein o entweder als kurzes [ɒ] (wie in **dog**) oder als längeres [əʊ] (wie in **code**) ausgesprochen. Folgende Wörter zum Beispiel haben an den grün markierten Stellen ein [ʌ] (wie im Wort **cut**):

**money**, **colour**, **done**, **son**, **come**, **oven**, **onion**, **comfort**, **company**, **brother**, **government**, **London**, **month**, **mother**, **none**, **one**, **nothing**, **stomach**, **wonder**, **worry**

#### Nicht ausgesprochene Buchstaben

Ein häufiges Phänomen im Englischen ist, dass ein geschriebener Buchstabe gar nicht ausgesprochen wird. Es folgen die häufigsten Stolperfallen, geordnet nach dem stummen Buchstaben.

| | |
|---|---|
| b | **comb**, **dumb**, **lamb**; **debt** |
| h | **honest**, **honour**, **hour**; **where**, **why**, **when**, **which** |
| k | **knife** (sowie in allen Wörtern mit **kn**-Anfang) |
| l | **calm**, **could**, **half**, **should**, **talk**, **walk**, **would** |
| p | **pneumatic**, **psychology** (bei allen **pn-**/**ps-**Wortanfängen) |
| t | **castle**, **Christmas**, **listen**, **often**; in allen **-ction**-Endungen |
| u | **guess**, **guest**, **guide** |
| w | **who**, **whose**, **whole**; **write** (sowie in allen **wr**-Wortanfängen) |

### Aussprache von „w" und „v"

Das englische **w** wird als Halbvokal bezeichnet und wird je nach Position im Wort unterschiedlich ausgesprochen. Wichtig ist in allen Fällen, dass es nicht wie ein deutsches *w* ausgesprochen wird.

Am Wortanfang vor einem Vokal wird **w** als konsonantischer *u*-Laut ausgesprochen (wie z. B. **west** [west]).

Innerhalb eines Wortes oder am Wortende wird **w** eher vokalisch ausgesprochen: **tower** [taʊə], **show** [ʃəʊ], **saw** [sɔ:], **lawn** [lɔ:n].

Der Buchstabe **v** dagegen wird immer gleich ausgesprochen, phonetisch dargestellt als [v]. Er ist fast identisch mit dem deutschen *w*-Laut und darf also auf keinen Fall als englisches [w] ausgesprochen werden. Sonst besteht Verwechslungsgefahr z. B. zwischen **vest** [vest] (*Unterhemd, Weste*) und **west** [west] (*westlich, der Westen*).

### Aussprache von „th"

Die falsche Aussprache von **th** im Englischen führt oft zu Verständigungsproblemen und darf auf keinen Fall als „Kavaliersdelikt" betrachtet werden.

Berühren Sie mit Ihrer Zungenspitze die Rückseite der oberen Schneidezähne und sprechen Sie ein **s** aus, ohne die Zunge dabei zu bewegen. So entsteht das stimmlose (scharfe) **th**, phonetisch als [θ] dargestellt. Beim stimmhaften (weichen) **th** (dargestellt als [ð]) spürt man dazu eine stärkere Vibration der Stimmbänder im Kehlkopfbereich, analog zur Vibration beim weichen **s** im Deutschen Wort *lesen*. Die Zungenposition ist die gleiche wie bei [θ].

Substantive, Verben, Adjektive und andere wichtige „Inhaltswörter", die mit **th** anfangen, haben in der Regel die stimmlose Variante (**theatre**, **think**, **thick**, **three**), während Bestimmungswörter, Konjunktionen und Pronomen eher mit [ð] anfangen (**the**, **this**, **though**, **that**, **they**).

Beachten Sie dazu den Unterschied in folgenden Wortpaaren auf **-th** und **-the**:

| | |
|---|---|
| **breath** [breθ] – *Atem* | **breathe** [bri:ð] – *atmen* |
| **bath** [bɑ:θ] – *Bad(ewanne)* | **bathe** [beɪð] – *baden* |
| **teeth** [ti:θ] – *Zähne* | **teethe** [ti:ð] – *zahnen* |

### Stimmhaft vs. stimmlos am Wortende

Der Unterschied zwischen Stimmhaft- und Stimmlosigkeit bei englischen Konsonanten ist auch im Übrigen sehr wichtig, da er den Hörenden auf wichtige Bedeutungsunterschiede hinweist. Besonders als deutschsprachige(r) Sprecher(in) muss man sich bemühen, auch am Wortende diese Unterschiede aufrechtzuerhalten. Die folgende Tabelle zeigt einige von vielen Fällen, bei denen dieser Unterschied ausschlaggebend ist.

| Stimmlos | Stimmhaft |
|---|---|
| **pup** [pʌp]<br>– *junger Hund* (**puppy**) | **pub** [pʌb]<br>– *Kneipe* |
| **muck** [mʌk]<br>– *Dreck* | **mug** [mʌg]<br>– *(Trink)Becher* |
| **extent** [ɪksˈtent]<br>– *Ausmaß* | **extend** [ɪksˈtend]<br>– *erweitern* |
| **price** [praɪs]<br>– *Kaufpreis* | **prize** [praɪz]<br>– *Preis* (Gewinn) |
| **teeth** [ti:θ]<br>– *Zähne* | **teethe** [ti:ð]<br>– *zahnen* |
| **proof** [pru:f]<br>– *Beweis* | **prove** [pru:v]<br>– *beweisen* |

### Intonation bei „question tags"

Sogenannte **question tags**, analog zum deutschen *oder?* bzw. *nicht wahr?*, haben zwei verschiedene Funktionen im Englischen: manchmal bittet man den Gesprächspartner wirklich um Informationen, aber manchmal möchte man nur in seiner Aussage bestätigt werden. Sehen Sie sich das folgende Beispiel an:

**That's your new car, isn't it?**
– *Das ist dein neues Auto, oder? / nicht wahr?*

Bei **Unsicherheit** seitens des Sprechers wird das **question tag** mit einer **Intonation nach oben** (also eher fragend) ausgesprochen.
Erwartet der Sprecher eine **Bestätigung** seiner Aussage, so geht am Satzende die **Intonation nach unten** (bleibt also eher die einer Aussage).

# Stil

## Anreden

### „Mrs", „Miss" oder doch „Ms"?

Die drei Frauenanreden **Mrs**, **Miss** und **Ms** – im Amerikanischen folgt auf jede ein Punkt – sind nicht austauschbar und können nicht mit dem deutschen *Frau / Fräulein* gleichgesetzt werden. Anhand der Tabelle können Sie sehen, wann welche richtig ist.

**Mrs** Nur für **verheiratete Frauen** (bzw. Witwen, Geschiedene), die den Nachnamen des Mannes verwenden.
Aussprache: **[ˈmɪsɪz]**

**Miss** Nur für **nicht verheiratete Frauen**; allerdings möchten viele Frauen nicht so „etikettiert" werden.
Aussprache: **[mɪs]**

**Ms** Die beste Lösung, wenn Sie nicht sicher sind, welche Form richtig (bzw. erwünscht) wäre. Viele Frauen bevorzugen diese Form, da sie **keine Angabe über den Familienstand** macht.
Aussprache: **[məz]**

## Briefwechsel

### Anreden

Briefe auf Englisch fangen fast immer mit dem Wort **Dear** (*Liebe(r)*) an, auch wenn man den Empfänger nicht kennt. Auf die Anrede folgt normalerweise ein Komma (**kein** Ausrufezeichen!).

Kennt man den Namen des Empfängers, kann man z. B. wie folgt anfangen:

**Dear Mr Jones,** **Dear Jeremy,**

Persönliche Titel werden nicht gehäuft, sondern nur die höchste Auszeichnung wird verwendet, ohne zusätzliche Erwähnung des Geschlechts:
*Herr Dr. Braun* → **Dr Braun** (BrE), **Dr. Braun** (AmE)
*Frau Professor Dr. Schmidt* → **Professor Schmidt**

Wenn man z. B. bei einem Geschäftsbrief den Namen des Empfängers nicht kennt, gibt es folgende Möglichkeiten:

| | |
|---|---|
| **Dear Sir,** | männlich |
| **Dear Madam,** | weiblich |
| **Dear Sir or Madam,** | für beide Geschlechter |

**Wichtig:** Unabhängig davon, ob die Anrede förmlich oder intim aussieht, fängt die nächste Zeile immer mit einem Großbuchstaben an.

### Schlussformeln

In jedem Fall folgt auf die Schlussformel ein Komma, dann unten der eigene Name.

### Förmliche Geschäftsbriefe

Die üblichste Schlussformel bei Geschäftsbriefen ist **Yours sincerely** (im AmE auch **Sincerely (yours)**).

In Großbritannien folgt auf **Dear Sir / Dear Madam** die Formel **Yours faithfully**.

### Briefe an Bekannte, Freunde und Verwandte

Wenn man sich ein bisschen besser kennt, egal ob privat oder geschäftlich, nimmt man weniger formelle Wendungen wie z. B. **Kindest regards** (*mit freundlichen Grüßen*) oder **Best wishes** (*schöne Grüße*).

Für Briefe an enge Freunde oder Verwandte gibt es eine Reihe weiterer Möglichkeiten. Die häufigsten sind unter anderem **With love** (*liebe Grüße*) und **Take care** (*mach(t)'s gut*).

## Glückwünsche und Grußformeln

| | |
|---|---|
| **Congratulations** ~~to~~ **on …** | *Gratulation zu …* |
| **Get well soon!** | *Gute Besserung!* |
| **Good luck in / for …** | *Viel Glück bei …* |
| **Well done!** | *Gut gemacht* |
| **Welcome** ~~at~~ **home** | *Willkommen zu Hause* |
| **Welcome** ~~in~~ **to Germany** | *Willkommen in Deutschland* |

## Höflichkeit

### „Please" und „Thank you"

**Please** sagt man generell, wenn man um etwas bittet:
**Please close the door.** – *Bitte schließen Sie die Tür.*
**I'd like the menu, please.** – *Ich hätte gern die Speisekarte.*

**Please** heißt nicht *bitte schön*. Wenn man jemandem etwas gibt, sagt man entweder gar nichts, oder man kann z. B. **here you are** oder (weniger förmlich) **there you go** sagen.

Im Sinne von *nichts zu danken* oder *gern geschehen* kann man **You're (very) welcome** verwenden.

Mit **thank you** drückt man Dankbarkeit aus. Man kann auch **thanks** (weniger förmlich) oder **thank you very much** (*vielen Dank*) sagen. Um ein Angebot abzulehnen, sagt man am besten **no thank you** (**thank you** alleine könnte als Annahme interpretiert werden).

### Bitten und Anbieten

| | |
|---|---|
| **Can I …? / You can …** | *Kann ich …? / Sie können …* (freundlich, nicht förmlich) |
| **Could I …? / You could …** | *Könnte ich …? / Sie könnten …* (etwas förmlicher) |
| **May I …? / You may …** | *Darf / Dürfte ich …? / Sie dürfen …* (förmlich) |
| **Do you mind if …? / I don't mind if …** | *Macht es Ihnen etwas aus, wenn …? / Es stört mich nicht, wenn …* |
| **Do you like …? / I like …** | *Mögen Sie …? / Ich mag …* |
| **Would you like …? / I would like …** | *Möchten Sie …? / Ich möchte …* |
| **Would you prefer …? / I would prefer …** | *Möchten Sie lieber …? / Ich möchte lieber …* |

### „Sorry" und „Excuse me"

**Sorry** sagt man, wenn man um Verzeihung für etwas Geschehenes bittet, etwas bedauert (= *Es tut mir leid*) oder (im BrE) etwas nicht richtig verstanden hat (= *Wie bitte?*).

**Excuse me** sagt man, wenn man z. B. einen Fremden anspricht, um nach etwas zu fragen (= *Entschuldigen Sie*), wenn man an jemandem vorbei möchte (= *Könnte ich bitte vorbei?*), oder (im AmE) etwas nicht richtig verstanden hat (= *Wie bitte?*).

### „I don't mind" vs. „I don't care"

Diese zwei Ausdrücke darf man keinesfalls verwechseln. **I don't mind** heißt *mich stört es nicht* oder *ich habe keine Präferenz*, während **I don't care** etwas wie *mir ist es egal* bedeutet.

# AmE im Vergleich zu BrE

## Unterschiede im Wortschatz

| AmE | Deutsch | BrE |
|---|---|---|
| **baggage** | *Gepäck* | **luggage** |
| **basement** | *Keller* | **cellar** |
| **busy** | *besetzt* (Tel.) | **engaged** |
| **can** | *Dose* | **tin** (Essen), **can** (Getränk) |
| **cellphone** | *Handy* | **mobile phone** |
| **check** | *Rechnung* (im Restaurant) | **bill** |
| **elevator** | *Aufzug* | **lift** |
| **eraser** | *Radiergummi* | **rubber** |
| **fall** | *Herbst* | **autumn** |
| **faucet** | *Wasserhahn* | **tap** |
| **first floor** | *Erdgeschoss* | **ground floor** |
| **french fries** | *Pommes* | **chips** |
| **garbage can** | *Mülleimer* | **dustbin** |
| **gas** | *Benzin* | **petrol** |
| **movie theater** | *Kino* | **cinema** |
| **pants** | *Hose* | **trousers** |
| **rest room** | *öffentliche Toilette* | **public toilet** |
| **sidewalk** | *Bürgersteig* | **pavement** |
| **subway** | *U-Bahn* | **underground** |
| **truck** | *LKW* | **lorry** |

## Rechtschreibung

Unterschiede in der Rechtschreibung zwischen AmE und BrE kommen relativ oft vor. Die wichtigsten Unterschiede und Beispiele werden hier aufgelistet.

### Bestimmte Wörter mit -or (AmE) bzw. -our (BrE)

*AmE:* **behavior** (*Verhalten*), **color** (*Farbe*), **favorite** (*Lieblings-*), **humor** (*Humor*), **labor** (*Arbeit*)
BrE: **behaviour**, **colour**, **favourite**, **humour**, **labour**

### Bestimmte Wörter auf -er (AmE) bzw. -re (BrE)

AmE: **center** (*Zentrum*), **liter** (*Liter*), **maneuver** (*Manöver*), **meter** (*Meter*), **theater** (*Theater*)
BrE: **centre**, **litre**, **manœuvre**, **metre**, **theatre**

### Bestimmte Wörter auf -nse (AmE) bzw. -nce (BrE)

AmE: **defense** (*Verteidigung*), **license** (*Lizenz, (Führer)schein*), **offense** (*Straftat, Beleidigung*), **pretense** (*erfundene Geschichte*)
BrE: **defence**, **licence**, **offence**, **pretence**

### Sonstiges

| AmE | Deutsch | BrE |
|---|---|---|
| **aluminum** | *Aluminium* | **aluminium** |
| **analyze** | *analysieren* | **analyse** |
| **catalog** | *Katalog* | **catalogue** |
| **check** | *Scheck* | **cheque** |
| **jewelry** | *Schmuck* | **jewellery** |
| **practice** | *üben* | **practise** |
| **program** | *Programm, Sendung* | **programme** |
| **realize** | *realisieren, erkennen* | **realise** |

## Datums- und Zeitangaben, Zahlen

Bei der numerischen Angabe eines Datums verwenden Amerikaner die Reihenfolge **Monat – Tag – Jahr**. Daher lautet der 24. Dezember 2010 nicht ~~24/12/2010~~, sondern **12/24/2010**.

Die 24-Stunden-Zählung wird in den USA meistens nur vom Militär verwendet. Daher ist es meistens ratsam, diese zu vermeiden und stattdessen die 12-Stunden-Zählung mit **a.m.** (morgens) und **p.m.** (nachmittags / abends) zu verwenden.

Eine Null bei einer Telefonnummer wird in den USA meistens als **zero** gesprochen, während viele Briten sie wie den Buchstaben **„o"**, also [əʊ], aussprechen.

Auch sonst bestehen beim Aussprechen von Zahlen kleine Unterschiede.

| Zahl | AmE | BrE |
|---|---|---|
| 233 | **Two hundred thirty-three** | **Two hundred and thirty-three** |
| 2400 | **Twenty-four hundred** (oder **two thousand four hundred**) | **Two thousand four hundred** |

## Aussprache

### Aussprache des „r"

Im amerikanischen Englisch wird jedes geschriebene „r" auch ausgesprochen, während im Britischen nur ein „r" direkt vor einem Vokallaut ausgesprochen wird, nicht aber ein „r" vor einem Konsonanten bzw. einer Pause.

| | AmE | BrE |
|---|---|---|
| **very** (*sehr*) | **[ˈveri]** | **[ˈveri]** |
| **father** (*Vater*) | **[ˈfɑːðər]** | **[ˈfɑːðə]** |
| **turn** (*wenden*) | **[tɜːrn]** | **[tɜːn]** |

### AmE [uː] vs. BrE [juː]

| | AmE | BrE |
|---|---|---|
| **new** (*neu*) | **[nuː]** | **[njuː]** |
| **stupid** (*dumm*) | **[ˈstuːpɪd]** | **[ˈstjuːpɪd]** |
| **tune** (*Melodie*) | **[tuːn]** | **[tjuːn]** |

### AmE [æ] vs. BrE [ɑː]

Für viele Wörter, die ein „a" vor [f], [v], [s] oder [z] enthalten, verwendet AmE ein kurzes [æ] statt ein längeres, dunkleres [ɑː]:

| | AmE | BrE |
|---|---|---|
| **bath** (*Bad*) | **[bæθ]** | **[bɑːθ]** |
| **last** (*letzte(r/s)*) | **[læst]** | **[lɑːst]** |
| **after** (*nach*) | **[ˈæftər]** | **[ˈɑːftə]** |

# Grammatik

## Inversion bei Frageformen

Im Falle einer Inversion in einer Frageform ist zu beachten, dass nicht das Hauptverb, sondern ein Hilfsverb (oder **be** als Hauptverb) vor das Subjekt rückt:

~~Speak you English?~~ **Do you speak** English? – *Sprechen Sie Englisch?*
~~What means that?~~ What **does that mean**? – *Was bedeutet das?*

Bei Fragen, die mit einem Fragewort anfangen (**who**, **what**, **where** usw.) kommt nur dann eine Inversion vor, wenn das Fragewort nicht das Subjekt bildet:
**Who saw you**? – *Wer hat dich gesehen?*

**Who(m) did you see**? – *Wen hast du gesehen?*

## „Do" als Hilfsverb

Das Verb **do** wird bei negativen Strukturen und Frageformen gebraucht, bei denen es sonst kein Hilfsverb bzw. eine Form von **be** gäbe:
She **doesn't like** cheese. – *Sie mag keinen Käse.*
**Did you close** the door? – *Hast du die Tür zugemacht?*

Eine Vergangenheitsform verwendet **did** statt einer Gegenwartsform (**do/does**); das Hauptverb bleibt aber in der Infinitivform:
Did you ~~went~~ **go** to town today? – *Bist du heute in die Stadt gegangen?*

Bei affirmativen Aussagen wird keine Form von **do** benötigt, es sei denn, man verwendet sie, um eine zusätzliche Betonung (z. B. als Protest gegen eine Behauptung) zu erzeugen:

**Neutral**: I ~~did clean~~ **cleaned** my teeth. – *Ich habe mir die Zähne geputzt.*

**Betont**: (But) I **did clean** my teeth! – *(Aber) ich habe mir doch die Zähne geputzt!*

## Verben mit / ohne Progressivform

Bei Verben, die eine Tätigkeit ausdrücken, wählt man zwischen **simple**- und **progressive**-Form je nach erwünschter Bedeutung:
**Simple**: I **wash** the car. – *Ich wasche das Auto* (= häufig / generell).
**Progressive**: **I'm washing** the car. – *Ich wasche das Auto* (= im Moment).

Da Progressivformen eher auf eine temporäre Tätigkeit weisen, ist es nicht sinnvoll, sie für immer währende Fakten / Allgemeinheiten zu verwenden:
The Earth ~~is going~~ **goes** around the sun. – *Die Erde umkreist die Sonne.*
Vegetarians ~~aren't eating~~ **don't eat** meat. – *Vegetarier essen kein Fleisch.*

Zustandsverben dagegen haben keine Progressivform, auch wenn die Rede von einem temporären Zustand ist. Die wichtigsten Zustandsverben unterteilt man in folgende Kategorien:

- Glaube, Meinung und Verstand
**believe** *(glauben)*, **know** *(wissen / kennen)*, **mean** *(bedeuten)*, **remember** *(sich erinnern)*, **think** *(meinen)*, **understand** *(verstehen)*, **want** *(wollen)*

- Neigung / Abneigung
**dislike** *(nicht mögen)*, **hate** *(hassen)*, **like** *(mögen)*, **love** *(lieben)*, **prefer** *(vorziehen)*

- Kommunikation und Reaktionen
**(dis)agree** *((nicht) zustimmen)*, **mean** *(meinen / bedeuten)*, **promise** *(versprechen)*

- Sinnliche Wahrnehmung
**appear / look / seem** *((er)scheinen / aussehen)*, **feel** *(sich anfühlen)*, **hear** *(hören)*, **see** *(sehen)*, **smell** *(riechen)*, **taste** *(schmecken)*, **sound** *(klingen / sich anhören)*

- Sonstiges
**be** *(sein)*, **belong** *(gehören)*, **exist** *(existieren)*, **have / own / possess** *(besitzen)*

## Present perfect vs. past tense

Trotz Ähnlichkeiten in der Bildung von Vergangenheitsform (**past tense**) und Perfekt (**present perfect**) zwischen Deutsch und Englisch bestehen wichtige Unterschiede in der Verwendung der beiden Formen.

### Bezug zur Gegenwart

Wichtig zu beachten ist im Allgemeinen, dass das Perfekt nur für Handlungen und Ereignisse verwendet werden kann, die einen Bezug zur Gegenwart haben bzw. gegenwärtige Ergebnisse haben:
Mary **has washed** the car. – *Mary hat das Auto gewaschen* (= das Auto ist jetzt sauber).
Mary **washed** the car, but now it's dirty. – *Mary hat das Auto gewaschen, aber jetzt ist es dreckig.*

### Mit Zeitadverbien

Zeitangaben wie **yesterday** oder **last week** haben keinen Bezug zur Gegenwart:
I ~~have seen~~ **saw** Bob **yesterday**. – *Ich habe gestern Bob gesehen.*
He ~~has broken~~ **broke** his leg **last week**. – *Er hat sich letzte Woche das Bein gebrochen.*

### Implizite Zeitangaben

Auch ohne Zeitadverbien ist es wichtig zu erkennen, ob der Handlungszeitraum die Gegenwart einschließt. Die Handlungen von z. B. Verstorbenen haben in diesem Sinne keinen Bezug zur Gegenwart:
Shakespeare ~~has written~~ **wrote** many dramas. – *Shakespeare hat viele Dramen geschrieben.*

Auch hier ist der Zeitraum ebenfalls zu Ende, selbst wenn der Komponist noch lebt und weiter arbeitet:
Paul McCartney ~~has composed~~ **composed** many of the Beatles' songs. – *Paul McCartney hat viele der Beatles-Lieder komponiert.*

Folgende Fragen zielen auf unterschiedliche Informationen:
**Have you seen that film?** – *Hast du den Film* [je] *gesehen?*
**Did you see that film?** – *Hast du den Film gesehen* [als er im Kino / Fernsehen war]*?*

## Verben mit Infinitiv vs. ing-Form

Enthält ein Satz zwei Vollverben, ist es wichtig zu wissen, in welcher Form das zweite Verb zu erscheinen hat, ob als ing-Form (Gerundium) oder als Infinitiv.
We **suggested going** for a walk, but they **decided to drive** into the mountains. – *Wir haben vorgeschlagen, spazieren zu gehen, aber sie haben sich entschlossen, in die Berge zu fahren.*

### Verb + Infinitiv

Auf folgende Verben folgt eine Infinitivform:
I **hope to see** you again soon. – *Ich hoffe, dich bald wieder zu sehen.*

| | | | |
|---|---|---|---|
| **agree** | *einwilligen* | **arrange** | *ausmachen* |
| **ask** | *bitten* | **choose** | *wählen* |
| **decide** | *sich entscheiden* | **expect** | *erwarten* |
| **help** | *helfen* | **hope** | *hoffen* |
| **learn** | *lernen* | **promise** | *versprechen* |

### Verb + ing-Form

Auf folgende Verben folgt eine ing-Form:
She **dislikes writing** reports. – *Sie mag es nicht, Berichte zu schreiben.*

| | | | |
|---|---|---|---|
| **avoid** | *vermeiden* | **consider** | *überlegen* |
| **dislike** | *nicht mögen* | **enjoy** | *genießen* |
| **finish** | *abschließen* | **give up** | *aufgeben* |
| **mention** | *erwähnen* | **recommend** | *empfehlen* |
| **risk** | *riskieren* | **suggest** | *vorschlagen* |

### Verben mit beiden Formen

Bei einigen anderen Verben sind beide Formen möglich, jedoch mit einem Bedeutungsunterschied.

#### forget / remember

**Remember / Don't forget to go** shopping! – *Denk daran / Vergiss nicht, dass du einkaufen gehen musst!*

I **remember going** shopping. – *Ich erinnere mich daran, dass ich einkaufen war.*

forget / remember + Infinitiv = **(nicht) rechtzeitig an eine Verpflichtung denken**

forget / remember + ing-Form = **Erinnerung an eine vergangene Handlung**

#### mean

John **meant to go** swimming. – *John hatte vor, schwimmen zu gehen.*

A beach holiday **means going** swimming every day. – *Ein Strandurlaub bedeutet, jeden Tag schwimmen zu gehen.*

mean + Infinitiv = **vorhaben, beabsichtigen**

mean + ing-Form = **bedeuten, heißen**

#### stop

We **stopped to buy** milk. – *Wir haben angehalten, um Milch zu kaufen.*
stop + Infinitiv = **eine Tätigkeit abbrechen, um etwas anderes zu machen**

We **stopped buying** milk. – *Wir haben aufgehört, Milch zu kaufen.*
stop + ing-Form = **eine Tätigkeit abbrechen**

#### try

Ann **tried to bake** a cake. – *Ann hat versucht, einen Kuchen zu backen.*

Ann **tried baking** a new kind of cake. – *Ann hat ausprobiert, eine neue Art Kuchen zu backen.*

try + Infinitiv = **etwas versuchen, sich anstrengen**

try + ing-Form = **experimentieren, etwas ausprobieren**

## Mengenwörter

### Singular- und Pluralformen

**Much** *(viel)* und **little** *(wenig)* werden nur mit unzählbaren Substantiven verwendet. Sie werden wie folgt gesteigert:

| | | |
|---|---|---|
| **much time** | **more time** | **(the) most time** |
| *viel Zeit* | *mehr Zeit* | *die meiste Zeit* |
| **little time** | **less time** | **(the) least time** |
| *wenig Zeit* | *weniger Zeit* | *die wenigste Zeit* |

**Many** *(viele)* und **few** *(wenige)* können dagegen nur Pluralformen modifizieren:

| | | |
|---|---|---|
| **many people** | **more people** | **(the) most people** |
| *viele Leute* | *mehr Leute* | *die meisten Leute* |
| **few people** | **fewer people** | **(the) fewest people** |
| *wenige Leute* | *weniger Leute* | *die wenigsten Leute* |

Die Formen **a little** und **a few** bezeichnen *ein wenig* bzw. *einige (wenige)*. Diese haben keine Steigerung.

Die Grundformen **much** und **many** werden oft durch **a lot of** ersetzt, besonders in der Alltagssprache. **Much** klingt unnatürlich in (positiven) Aussagesätzen:
I have ~~much~~ **a lot of** time. – *Ich habe viel Zeit.*
I don't have **much / a lot of** time. – *Ich habe nicht viel Zeit.*
I know **many / a lot of** people. – *Ich kenne viele Leute.*

### „Some" und „any"

Die Bedeutung von **some** und **any** ist ähnlich (*etwas* bei nicht zählbaren Wörtern, *einige* bei Pluralformen). In Aussagesätzen benutzt man **some**, sowie auch dann, wenn man um etwas bittet oder etwas anbietet:
I have ~~any~~ **some** money. – *Ich habe etwas Geld.*
Could I have ~~any~~ **some** potatoes? – *Könnte ich (einige) Kartoffeln haben?*
Would you like **some** tea? – *Möchten Sie etwas Tee?*

Bei anderen Fragen ist dagegen **any** richtig:
Do you have **any** water? – *Haben Sie Wasser?*

Verneinte Sätze verwenden auch **any** statt **some**. Die Kombination **not** + **any** ergibt die Bedeutung von *kein(e)*.
I don't have ~~some~~ **any** time. – *Ich habe keine Zeit.*
She hasn't read ~~some~~ **any** books. – *Sie hat keine Bücher gelesen.*

## …ufig verwechselte Wörter

### … ≠ like

…gende Bedeutungsunterschiede sind zu beachten:
…e plays tennis **like** a professional.
*…ie spielt Tennis wie ein Profi.*
…e plays tennis **as** a professional.
*…ie spielt Tennis als Profi.*
…e plays tennis **as well as** a professional.
*…ie spielt Tennis so gut wie ein Profi.*

### big ≠ great ≠ large, little ≠ small

**Big** und **large** beschreiben konkrete Objekte und Menschen:
a **big** man / a **large** building
– *ein großer, schwerer Mann / ein großes Gebäude*
Beide können auch bestimmte zählbare abstrakte Substantive beschreiben:
a **big / large** mistake / problem / order
– *ein(e) große(r/s) Fehler / Problem / Bestellung*
**Large** ist etwas förmlicher als **big**.

Das Gegenteil von **big** / **large** in den oben genannten Fällen ist in der Regel **small**. **Little** drückt dazu noch eine Verniedlichung, Sympathie oder Mitleid aus:

| | |
|---|---|
| a **small** child | *ein kleines Kind* |
| a **little** child | *ein (süßes) kleines Kind* |

**Great** heißt *groß* in Verbindung mit (meist unzählbaren) abstrakten Substantiven:
**great** interest / news / progress
– *große(r/s) Interesse / Neuigkeiten / Fortschritt(e)*
Hier wäre **big** oder **large** falsch.
**Achtung:** Mit konkreten Substantiven heißt **great** dagegen *großartig*:
**a great man / book / idea**
– *ein(e) großartige(r/s) Mann / Buch / Idee*

Das richtige Gegenteil zu **great** mit unzählbaren abstrakten Substantiven wäre **little** (im Sinne von *wenig*).

### bored ≠ boring, interested ≠ interesting

**Bored** heißt *gelangweilt*, **boring** dagegen *langweilig*. Beachten Sie folgende Bedeutungsunterschiede:

| | |
|---|---|
| I'm **bored**. | *Mir ist langweilig.* |
| I'm **boring**. | *Ich bin langweilig.* |

Ein ähnlicher Unterschied besteht zwischen **interested** (*interessiert*) und **interesting** (*interessant*).

### borrow ≠ lend

**Borrow** bezieht sich auf die Person, die etwas erhalten will:
Can I **borrow** your bike?
– *Kann ich mir dein Fahrrad ausleihen?*

**Lend** bezieht sich auf die Person, die etwas gibt:
Can you **lend** me your bike?
– *Kannst du mir dein Fahrrad ausleihen?*

Folgende Strukturen sind möglich:
**to borrow something from someone** – *sich etwas von jemandem ausleihen / borgen*
**to lend something to someone / to lend someone something** – *jemandem etwas ausleihen / borgen*

### bring ≠ take

Wird einem etwas entgegengebracht, dann heißt es **bring**:
**Bring** me the books. – *Bring mir die Bücher.*
Could you **bring** the parcel here? – *Könnten Sie das Paket hierher bringen?*

**Take** ist aber richtig, wenn es sich um eine Fortbewegung handelt oder um eine Bewegung zu einem Ort, an dem der Sprecher sich nicht befindet:
Will you **take** me to the station in the morning?
– *Bringst du mich morgen früh zum Bahnhof?*
Jane is out: she's **taking** her son to the doctor.
– *Jane ist weg: sie bringt ihren Sohn zum Arzt.*

### can ≠ could ≠ be able to

**Can** bezieht sich auf gegenwärtiges Können und auf Angebote für die nahe Zukunft:
I **can** sing. – *Ich kann singen.*
I **can** come tomorrow. – *Ich kann morgen kommen.*

**Could** bezieht sich sowohl auf allgemeine Fähigkeiten in der Vergangenheit als auch auf eine konjunktivische Bedeutung:
I **could** sing well when I was a child. – *Ich konnte gut singen, als ich [noch] ein Kind war.*
I **could** go tomorrow. – *Ich könnte morgen gehen.*

**Achtung:** Ist die Rede von einer konkreten Leistung in der Vergangenheit, wird nicht **could**, sondern **be able to** verwendet:
I **was able to** mend my bike yesterday. – *Ich konnte mein Fahrrad gestern reparieren.*

### carry ≠ wear

**Wear** bezieht sich auf Kleidungsstücke, die man an(gezogen) hat:
She's **wearing** a blouse and jeans. – *Sie hat eine Bluse und eine Jeans an / Sie trägt …*

Für Kleidungsstücke, die in der Hand getragen werden bzw. Taschen ist dagegen **carry** richtig:
She's **carrying** a shoulder bag and her jacket.
– *Sie trägt eine Schultertasche und hat ihre Jacke in der Hand.*

### fit ≠ match ≠ suit

These trousers **fit** me. – *Diese Hose passt mir* [von der Größe her].
These trousers **match** my sweater. – *Diese Hose passt zu meinem Pulli* [von der Farbe her].
These trousers **suit** me. – *Diese Hose steht mir.*

### fun ≠ funny

Charlie is a **fun** person. – *Charlie ist ein spaßiger Mensch / Mit Charlie macht alles Spaß.*
Charlie is a **funny** person. – *Charlie ist ein lustiger Mensch / Charlie ist ein komischer Mensch.*
Bei **funny** sollte man darauf achten, dass es deutlich ist, ob man eher *lustig* oder *komisch* meint!

### hear ≠ listen, see ≠ watch

**Hear / see** beziehen sich auf eher zufälliges, ungeplantes Hören und Sehen, während **listen** und **watch** eine bewusste, meist gewollte Tätigkeit ausdrücken:
I **heard** a sudden noise. – *Ich hörte plötzlich ein Geräusch.*
I **saw** Richard in town. – *Ich sah Richard in der Stadt.*
I **listened** to the news / the music. – *Ich hörte (mir) die Nachrichten / die Musik (an).*
I **watched** an exciting film. – *Ich sah (mir) einen spannenden Film (an).*

Feste Ausdrücke: **to watch television**, **to listen to the radio.**

### high ≠ tall

**Tall** wird meistens in Verbindung mit Sachen verwendet, die deutlich höher als breit sind (also eher für z. B. Menschen, Gebäude, Bäume, Türme, Schornsteine). In anderen Fällen, z. B. bei Bergen oder Mauern, wird eher **high** verwendet, sowie für die meisten Sachen, für die man im Deutschen *hoch* verwendet.

### remind ≠ remember

**Remember** heißt *sich erinnern*, **remind** dagegen *jemanden (an etwas) erinnern*:
I can't **remember** her name. – *Ich kann mich nicht an ihren Namen erinnern.*
**Remind** me to phone Jane. – *Erinnere mich daran, dass ich Jane anrufen muss.*

### rise ≠ raise

**Rise** ist ein starkes Verb (**rise – rose – risen**) und intransitiv:
The sun **rose** at 6 this morning.
– *Heute ging die Sonne um 6 Uhr auf.*
Our profits have **risen** this year.
– *In diesem Jahr ist unser Gewinn gestiegen.*

**Raise** ist dagegen schwach und transitiv:
My boss has **raised** my salary.
– *Mein Chef hat mein Gehalt erhöht.*
Please **raise** your hand if you have a question.
– *Bitte heben Sie die Hand, falls Sie eine Frage haben.*

### say ≠ tell

Obwohl beide ähnliche Bedeutungen haben, ist **say** allgemeiner, während **tell** meist den Sinn von *informieren* oder *befehlen* hat. Auch die möglichen Strukturen rund um beide Verben sind unterschiedlich.

Vor einem Nebensatz ist nur **say** möglich:
She ~~told~~ **said** (that) she had a new job. – *Sie erzählte / sagte, dass sie einen neuen Job habe.*

Vor einem Personalpronomen als Objekt funktioniert dagegen nur **tell**:
She ~~said~~ **told me** about her new job. – *Sie erzählte mir von ihrem neuen Job.*
They ~~said~~ **told him** to go home. – *Sie sagten ihm, er sollte nach Hause gehen.*

In der Regel braucht **tell** sowohl ein direktes als auch ein indirektes Objekt. Folgende feste Ausdrücke sind Ausnahmen:
**tell a joke / a story** – *einen Witz / eine Geschichte erzählen*
**tell a lie / the truth** – *lügen / die Wahrheit sagen*

## Problematische Adjektive / Adverbien

### Adverbien ohne -ly

Obwohl die meisten Adverbien durch Anhängen eines **-ly** an das Adjektiv geformt werden, gibt es eine Reihe Ausnahmen. Folgende Wörter sind Adjektiv- und Adverbform in der angegebenen Bedeutung:
**fast** *(schnell)*, **daily** *(täglich)*, **early** *(früh)*, **hard** *(hart)*, **high** *(hoch)*, **late** *(spät)*, **low** *(niedrig)*, **right** *(richtig)*

### Adjektive, die auf -ly enden

Folgende Beispiele sind keine Adverbien, sondern nur Adjektive:
**cowardly** *(feige)*, **lively** *(lebendig)*, **lovely** *(schön)*, **lonely** *(einsam)*, **silly** *(dumm / blöd)*
Damit sie überhaupt mit adverbialer Bedeutung verwendet werden können, müssen sie auf folgende Weise in den Satz eingebettet werden:
She sang **in a lovely way.** – *Sie sang schön / auf schöne Weise.*
They reacted **in a cowardly manner.** – *Sie reagierten feige / auf feige Weise.*

### Falsche Verwandte

Folgende Wörter sehen zwar so aus, als wären sie die direkten adverbialen Verwandten von **dead**, **hard**, **late** oder **short**, aber dieser Eindruck täuscht!

| | |
|---|---|
| **deadly** | *tödlich* (nur Adj.) |
| **hardly** | *kaum* (nur Adv.) |
| **lately** | *in letzter Zeit* (nur Adv.) |
| **shortly** | *bald, in Kürze* (nur Adv.) |

### Sonderfall good / well

Das Adverb von **good** ist **well**:
You speak English **well**. – *Sie sprechen gut Englisch.*
Vergessen Sie aber nicht, dass **well** auch als Adjektiv verwendet wird, im Sinne von *in guter gesundheitlicher Verfassung*.
She's **well**. – *Ihr geht es* [gesundheitlich] *gut*.

## Auf einen Blick – ENGLISCH
## Typische Fehler

**von Rebecca Davies**


• Internet: www.pons.de E-Mail: info@pons.de
Redaktion: Christina Cott
Layout: BUERO CAÏRO, Stuttgart
Satz: Satzkasten, Stuttgart
Druck: Achilles, Celle

ISBN-13: 978-3-12-**561477**-2

9 783125 614772